손오공의 한자 대탐험

마법천자문

29 힘을 더해라! 도울 조

아울북

감수의 글

한자를 늘 접하는 저 같은 사람에게 요즘처럼 한자 교육에 대한 관심이 커지는 것은 반가운 일입니다. 그러나 지루한 암기 위주의 교육 방법이 도리어 한자에 대한 부정적인 인식만 키우는 것은 아닌지 걱정이 앞서기도 합니다.

이러한 현실에서 《마법천자문》의 출간은 매우 환영할 만한 일입니다. 우선 한자를 어린이들이 좋아하는 마법과 결합시킨 기획 아이디어가 돋보입니다.

그리고 그림(이미지)으로부터 비롯된 한자의 특성을 잘 살려서, 한자의 소리와 뜻과 모양을 한꺼번에 익히는 이미지 학습의 원리를 구현한 것도 뛰어납니다.

무엇보다도 어린이들에게 친근한 손오공의 좌충우돌 신나는 모험 이야기 속에서 한자를 재미있고 자연스럽게 익힐 수 있게 한 것이 이 책의 가장 큰 특징입니다. 한자 학습에 대한 긍정적인 경험은 어린이들이 앞으로 누가 시키지 않아도 한자를 스스로 공부할 수 있는 바탕을 마련해 줄 수 있기 때문입니다.

많은 어린이들이 이 책 《마법천자문》을 통해 이러한 좋은 경험을 함께 만들었으면 좋겠습니다.

서울대학교 사범대학 중등교육연수원
중국어과 주임교수 김창환

29권의 한자마법은 이 친구들과 함께 만들었어요.

★ 부천시 원미동에 사는 **이진아** 어린이 _ 가르칠 **교** 敎
★ 충남 아산시 신창면에 사는 **김영호** 어린이 _ 부를 **소** 召
★ 남양주시 별내면에 사는 **채정은** 어린이 _ 도울 **조** 助
★ 전남 해남군 송지면에 사는 **노시우** 어린이 _ 닦을 **수** 修

이 책의 특징

저절로 기억되는 한자 이미지 학습서
― 한자의 뜻과 소리와 모양이 만화의 한 장면에서 이미지와 함께 저절로 기억되도록 구성하였습니다.

암기 스트레스 없이 저절로 이루어지는 학습
― 암기식 한자 학습을 극복하여 읽기만 해도 저절로 공부가 됩니다.

▶ 한자의 소리와 뜻과 모양을 마법이 펼쳐지는 장면에서 한 번에 익히기

한자 공부에 자신감을 주는 적절한 학습량
― 한자능력검정시험에 나오는 한자 중 사용빈도가 높은 한자를 뽑아 권당 20자씩 책으로 엮어 한자에 대한 자신감을 주고 원리를 이해하도록 구성하였습니다.

알찬 한자 공부를 위한 체계적인 학습 페이지
― 새롭게 등장한 한자를 체계적으로 학습할 수 있도록 학습 페이지를 별도로 추가하였습니다.

- 한자의 모양, 소리, 뜻
- 한자능력검정시험 급수
- 한자의 유래
- 단어장
- 쓰기 연습

- 한자 퀴즈―초급
- 한자 퀴즈―중급

이 책에 나오는 한자

▶ 이 책에는 아래의 20자가 반복적으로 등장합니다.

修 한자능력검정시험 급수 4급
닦을 수 10p, 148p

理 한자능력검정시험 급수 6급
다스릴 리(이) 10p, 148p

擢 한자능력검정시험 급수 1급
뽑을 탁 17p, 148p

讀 한자능력검정시험 급수 6급
읽을 독 31p, 148p

敎 한자능력검정시험 급수 8급
가르칠 교 35p, 149p

港 한자능력검정시험 급수 4급
뱃길 항 51p, 149p

召 한자능력검정시험 급수 3급
부를 소 61p, 149p

助 한자능력검정시험 급수 4급
도울 조 72p, 149p

捉 한자능력검정시험 급수 3급
잡을 착 75p, 150p

燈 한자능력검정시험 급수 4급
등잔 등 94p, 150p

爐 한자능력검정시험 급수 3급
화로 로(노) 106p, 150p

寒 한자능력검정시험 급수 5급
찰 한 107p, 150p

靡 한자능력검정시험 급수 1급
쓰러질 미 114p, 151p

免 한자능력검정시험 급수 3급
벗어날 면 117p, 151p

逸 한자능력검정시험 급수 3급
달아날 일 124p, 151p

構 한자능력검정시험 급수 4급
얽을 구 125p, 151p

係 한자능력검정시험 급수 4급
맬 계 129p, 152p

矢 한자능력검정시험 급수 3급
화살 시 134p, 152p

鬱 한자능력검정시험 급수 2급
우거질 울 134p, 152p

悲 한자능력검정시험 급수 4급
슬플 비 146p, 152p

차 례

1. 광명계의 마법천자문 8
2. 마법천자문의 비밀 24
3. 삼장의 선택 38

4. 새로운 대륙을 향해! 50
5. 죽은 자의 세계, 암흑계 64
6. 바닷속 괴물과의 사투 82

7. 오공이를 구해라! 96
8. 사라진 혼세와 삼장 106
9. 악당 서커스단 120
10. 삼장이 위험해! 136

마법의 한자를 잡아라! 148
다시 알아보는 마법의 한자 153
달라진 부분을 찾아라! 154
내가 만드는 마법천자문 156
마법의 한자를 낚아라! 157
마법의 한자 퀴즈를 풀자! 158

등장 인물

손오공

교만지왕에게서 삼장만 구해 오면 모든 게 해결될 줄 알았지만, 삼장을 구한 이후부터가 진짜 문제의 시작이다.
바로 암흑상제에게서 삼장을 지켜내는 것!
오공은 삼장을 지키고, 광명계의 마법천자문의 비밀을 밝히기 위해 새로운 대륙으로 모험을 떠난다.

삼장

악마화 마법에 저항하느라 몸이 많이 약해진 삼장은 깊은 잠에 빠졌다가 가까스로 정신을 차린다.
하지만 삼장은 옥황계로 돌아가지 않고, 암흑상제를 피할 수 없다는 현실에 맞서고자 한다.

혼세

은둔의 성으로부터 오공 일행을 탈출시킨 혼세는 과거에 자신이 저지른 죗값을 치르기 위해서라도 광명계의 마법천자문을 찾는 일에 함께 하기로 한다.

아티스

마법천자문 안에 있는 자신의 동료와 어머니의 혼을 꺼내려 하지만 그조차 쉽지 않고, 결국 마법천자문의 비밀을 직접 풀기 위해 오공 일행과 함께 모험을 떠난다.

암흑상제

광명계의 지하 세계이자, 죽은 자의 세상인 암흑계를 다스리는 지배자. 과거 옥황상제에게 몸을 빼앗겨 영혼의 상태로 암흑계에 갇히게 됐다. 암흑경을 통해 잠깐 지상으로 올라올 수 있지만, 육체가 온전치 않아 머무르는 시간이 짧다. 그래서 주로 광명계 곳곳에 심어 놓은 자신의 부하들을 이용하여 일을 꾸민다.

검은마왕

은둔의 성이 폭발하기 직전, 간신히 살아남은 검은마왕은 소년자객을 통해 삼장과 오공 일행의 위치를 파악하게 된다. 그리고 그 사실을 암흑상제에게 보고한 뒤, 차가운 대륙으로 향한다.

교만지왕

은둔의 성 폭발로 삼장은 물론 마법천자문까지 잃게 된 교만지왕은 암흑상제에게 소환되어 발각될 위기에 처하는데….

붉은수염 노르단

한쪽 팔을 잃었지만 다부진 체격에, 싸움 실력 또한 출중한 사내이다. 자신의 제자인 제롬을 찾아 헤매다가 우연히 혼세와 만나게 된다.

소밍

서커스 단원 중 유일한 여자 단원으로, 어딘가 삼장을 닮은 듯한 외모이다. 하지만 성격은 오공이도 말리지 못하는 왈가닥이다.

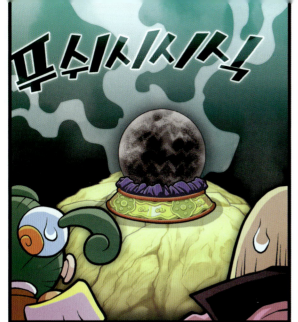

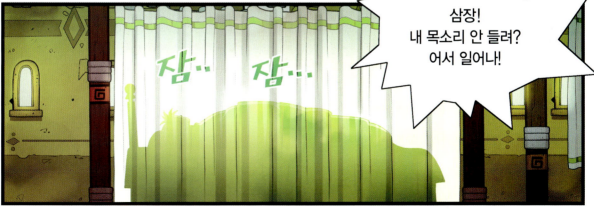

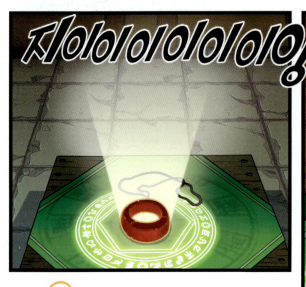

제 2 장 마법천자문의 비밀

서, 설마…

한자마법으로 마법천자문에서 혼을 꺼내려 한 게냐?

네, 하지만…

어째서 빠지지 않는 건지 모르겠어요.

아티스…

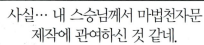

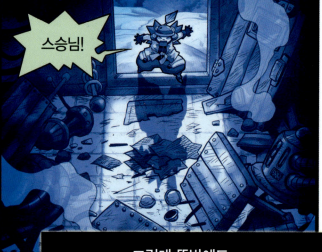

광명계에는 세 개의 대륙이 있어.

먼저 우리가 사는 풍요의 대륙은 우거진 나무들과 커다란 열매가 가득한, 늘 맑고 풍요로운 곳이지. 교만지왕의 손에 넘어간 뒤부터 사람들이 게으르고 나태해졌지만 말이야.

풍요의 대륙 바다 건너에는 춥고 눈 내리는 땅, 차가운 대륙이 있지.

차가운 대륙의 지배자는 잔혹마왕으로, 그 누구도 상대할 자가 없을 정도로 강한 자야. 강한 힘을 지녔음에도 더 큰 힘을 원했고, 암흑상제는 이점을 이용하여 그를 자신의 수하로 만들었어.

차가운 대륙은 날씨 탓인지 지배자 탓인지, 사람들도 매우 호전적이고 거칠어.

그리고 늘 덥고 건조한 메마른 대륙.

세 대륙 중 가장 성스러운 땅으로, 이곳의 왕가는 생명과 죽음을 관장했다고 해. 그 덕분에 거친 환경 속에서도 풍요롭고 평화로웠지. 그런데 지금은 암흑상제의 손에 넘어가 왕가는 사라지고 사람들도 근근히 살아가고 있다고 해.

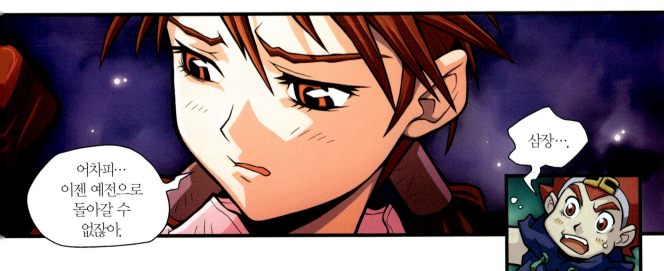

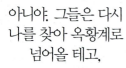

*부화뇌동(附和雷同) - 우레 소리에 맞춰 함께 한다는 뜻으로, 소신 없이 남이 하는 대로 따라하는 것을 뜻함.

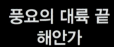

미스터맵 님, 앞으로 풍요의 대륙과 광명계의 운명은 어찌 되는 걸까요?

지금 저 배 안에는,

태극철권이 선택한 영웅과 그의 친구들, 그리고 아티스가 함께 있지 않느냐.

그들을 믿고, 우리는 우리 자리에서 해야 할 일을 하자꾸나.

촤아아아

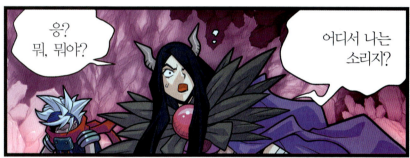

제 5 장
죽은 자의 세계, 암흑계

크르릉

번쩍

검은마왕과 교만지왕의 은둔의 성 구조 이야기

대체…
대체 어디로
사라진 거지!

크….

응?

그래!
검은마왕이
있었지!

으윽….

좋아!
지금 검은마왕을
없애 버리고…

검은마왕님,
이제 그만
퇴장해 주시지요!

모든 책임을
뒤집어씌우면
되겠구나!

제6장
바닷속 괴물과의 사투

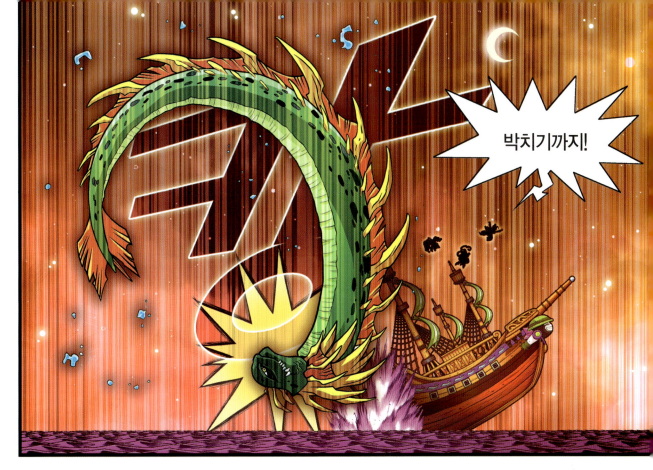

제 7 장
오공이를 구해라!

오공! 조금만 더 버텨라!

크악!

윽! 또 전기를! 그렇다면….

놓아 줘라! 놓을 **방** 放!

내리쳐라! 번개 **전** 電!

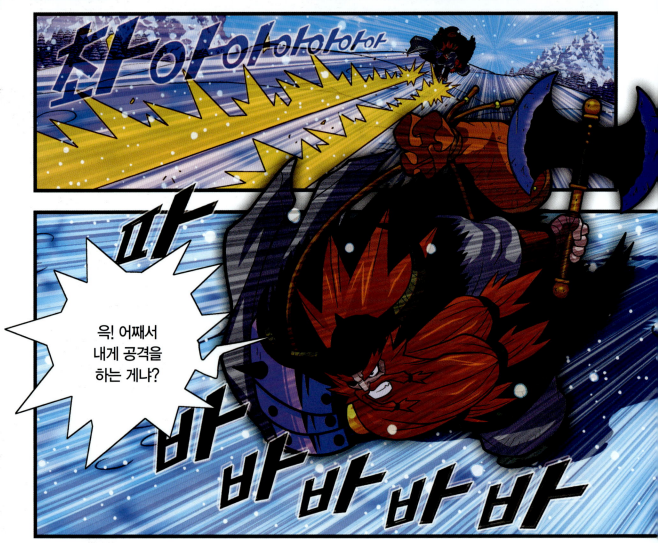

뭔가 오해가 있는 것 같은데, 먼저 대화를 해 봄이 어떻소?

보아하니 차가운 대륙 사람 같지는 않은데….

그렇소. 난 풍요의 대륙에서 온 혼세라 하오.

무기를 내렸다…?

풍요의 대륙… 오랜만에 들어 보는군. 난 붉은수염 노르단이오.

*백발백중(百發百中) – 백 번 쏘아 백 번 맞힌다는 뜻.

*호전적(好戰的) - 싸우기를 좋아함.

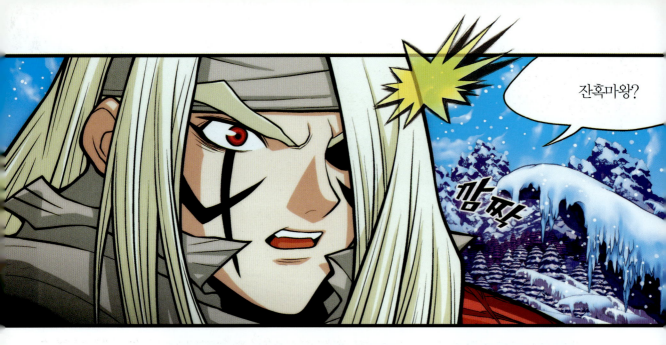

한편, 다시 빙산마을

"휴…."

"이 마을로 온 게 아닌가? 어디에도 없네."

"삼장…."

사람을 찾습니다!

"마법천자문…!"

"옥황계라는 곳에서 온 오공, 동자, 태자… 그리고 교만지왕의 악마화까지 이겨 낸 삼장."

"우리가 그토록 찾던 마법천자문이 삼장의 목에 조용히 걸렸다고 했다. 마치 기다렸다는 듯이…."

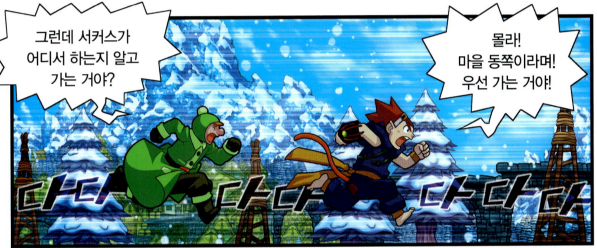

마법의 한자를 잡아라!

修 닦을 수

+ 한자능력검정시험 **4급** + 人(亻)부의 8획 총 **10획**

음을 나타내는 攸(유→수)는 '사람의 등 뒤에 물을 끼얹어 씻다'를 뜻하며, '길고 윤기 나게 꾸민 머리 형상'을 본뜬 彡(삼)과 합하여, '깨끗이 씻어 꾸미다'에서 '닦다'의 뜻을 나타낸다.

수료(修了) 규정의 과업을 다 배움.
수선(修繕) 낡은 물건을 고침.

理 다스릴 리(이)

+ 한자능력검정시험 **6급** + 玉(王)부의 7획 총 **11획**

음을 나타내는 里(리)는 '줄', '금'을 뜻하며, 玉(옥)과 합하여, '옥의 줄무늬가 아름답게 보이도록 갈다', '다스리다'의 뜻을 나타낸다.

이발(理髮) 머리를 빗어 가지런히 함. 머리털을 깎음.
이해(理解) 사리를 분별하여 앎.

擢 뽑을 탁

+ 한자능력검정시험 **1급** + 手(扌)부의 14획 총 **17획**

음을 나타내는 翟(적, 탁은 '높이 솟은 깃털의 볏을 가진 꿩', '높다', '뛰어오르다'를 뜻하며, '손'을 뜻하는 手(수)를 더하여 '높은 쪽(위쪽)으로 빼내다'의 뜻을 나타낸다.

발탁(拔擢) 여러 사람 가운데서 쓸 사람을 뽑음.
탁상(擢賞) 여럿 가운데서 뽑아내어 칭찬함.

讀 읽을 독

+ 한자능력검정시험 **6급** + 言부의 15획 총 **22획**

賣(육)은 屬(속)과 통하여 '계속하다'를 뜻하며, '말'을 뜻하는 言(언)과 합하여, '말을 이어 늘어놓다'의 뜻에서 '읽다'의 뜻을 나타낸다.

독서(讀書) 글을 읽음. 책을 읽음.
독파(讀破) 책을 다 읽어 내림.

教 가르칠 교

+ 한자능력검정시험 **8**급 + 攴(攵)부의 7획 총 **11**획

음을 나타내는 孝(爻 : 효→교)는 가르치는 이와 배우는 이의 사귐의 뜻에서 '배우다', '가르치다'를 뜻하며, 한 손에 회초리를 들고 있는 모습의 攵(복)을 더하여 '가르치다'의 뜻을 나타낸다.

교우(教友) 가르치고 이끌어 주는 벗.
교육(教育) 가르쳐 기름.

港 뱃길 항

+ 한자능력검정시험 **4**급 + 水(氵)부의 9획 총 **12**획

음을 나타내는 巷(항)은 '마을 안을 뚫고 나간 길'을 뜻하며, '물'을 뜻하는 水(수)와 합하여 '물 위의 길'이라는 뜻에서 '항구'의 뜻을 나타낸다.

항구(港口) 배가 닻을 내리고 머무르는 곳의 출입구.
항만(港灣) 활 모양으로 굽은 해안에 방파제·창고·기중기 등의 시설을 한 수역.

召 부를 소

+ 한자능력검정시험 **3**급 + 口부의 2획 총 **5**획

높은 곳(口)에서 손짓(刀)하는 모습에서 '부르다'의 뜻을 나타낸다.

소집(召集) 불러 모음.
소환(召喚) 법원과 같은 사법 기관에서 개인을 일정한 장소로 나올 것을 명령하는 일.

助 도울 조

+ 한자능력검정시험 **4**급 + 力부의 5획 총 **7**획

조상신을 나타내는 且(차)와 '힘'을 뜻하는 力(력)이 결합하여, 조상의 힘을 빌어 '도움을 받다', '돕다'의 뜻을 나타낸다.

조미(助味) 음식의 맛을 좋게 함.
조수(助手) 어떤 책임자 밑에서 지도를 받으며 그 일을 도와주는 사람.

마법의 한자를 잡아라!

잡을 **착**

✦ 한자능력검정시험 **3**급 ✦ 手(扌)부의 7획 총 **10**획

음을 나타내는 足(족)은 束(속)과 통하여 '단단히 묶다'를 뜻하며, '손'을 뜻하는 手(수)를 합하여 '묶다', '붙잡다'의 뜻을 나타낸다.

착송(捉送) 잡아서 보냄.
착수(捉囚) 죄인을 잡아 가둠.

捉 捉 捉 捉

등잔 **등**

✦ 한자능력검정시험 **4**급 ✦ 火부의 12획 총 **16**획

음을 나타내는 登(등)은 '오르다'를 뜻하며, '불'을 뜻하는 火(화)를 합하여 '불을 올리는 기구', 즉 '등잔'을 나타낸다.

등대(燈臺) 해안이나 섬에서 밤에 불을 켜 놓아 뱃길의 목표나 위험한 곳을 알려 주는 시설.
등화(燈火) 등불, 등잔불, 촛불.

화로 **로(노)**

✦ 한자능력검정시험 **3**급 ✦ 火부의 16획 총 **20**획

음을 나타내는 盧(로)는 화로의 모양을 본뜬 글자이고, 여기에 '불'을 뜻하는 火(화)를 합하여 '화로'의 뜻을 나타낸다.

노두(爐頭) 화로의 옆 또는 변두리.
화로(火爐) 숯불을 담아 놓는 그릇. 주로 불씨를 보존하거나 난방을 위하여 씀.

爐 爐 爐 爐

찰 **한**

✦ 한자능력검정시험 **5**급 ✦ 宀부의 9획 총 **12**획

집안(宀:면)에서 한 사람이 얼음(冫:빙) 위에 있고, 추위를 피하기 위해 주변에 볏짚을 펼쳐 놓은 모습에서 '얼다', '춥다'의 뜻을 나타낸다.

한심(寒心) 정도에 너무 지나치거나 모자라 기가 막힌 마음.
한파(寒波) 겨울철에 기온이 갑자기 내려가는 현상.

寒 寒 寒 寒

靡 쓰러질 미

+ 한자능력검정시험 **1급** + 非부의 11획 총 **19획**

마취 성분이 있는 대마(麻:마)에, 양 날개가 반대 방향으로 펼쳐진 모습에서 '분리하다'를 뜻하는 非(비)를 합하여 대마에 취해 힘없이 쓰러지는 모양에서 '쓰러지다', '문드러지다'의 뜻을 나타낸다.

미령(靡寧) 병이 있어 몸이 편하지 못함.
미비(靡費) 물품이나 돈 따위를 써 버리거나 허비함.

免 벗어날 면

+ 한자능력검정시험 **3급** + 儿부의 5획 총 **7획**

투구를 쓴 모습을 본뜬 글자로, 투구는 전투에서 위험을 면하게 해 주므로 '면하다', '어떤 상태를 벗어나다'의 뜻을 나타낸다.

면역(免疫) 몸속에 병원균에 대한 저항력을 높여 전염병을 걸리지 않게 함.
면세(免稅) 조세를 면제함.

逸 달아날 일

+ 한자능력검정시험 **3급** + 辵(辶)부의 8획 총 **12획**

'달리다'를 뜻하는 辵(착)과 '토끼'를 뜻하는 兎(토)를 합하여, '토끼가 달아나다'의 뜻에서 '달리다', '벗어나다'의 뜻을 나타낸다. 더 나아가 '빠르다', '뛰어나다', '멋대로 방자하게 굴다'의 뜻도 나타낸다.

일품(逸品) 썩 뛰어난 물품.
일화(逸話) 세상에 널리 알려지지 아니한 이야기.

構 얽을 구

+ 한자능력검정시험 **4급** + 木부의 10획 총 **14획**

음을 나타내는 冓(구)는 대나무 등을 얽어 만든 바구니나 구조물을 본뜬 모습에서 '짜 맞추다'를 뜻하며, '나무'를 뜻하는 木(목)과 결합하여, '나무를 얽어 짜 맞추다', '꾸미다', '이루다'의 뜻을 나타낸다.

구축(構築) 얽어 만들어 쌓아 올림.
구성(構成) 얽어 만듦.

마법의 한자를 잡아라!

  맬 계

 화살 시

✚ 한자능력검정시험 **4급** ✚ 人(亻)부의 7획 총 **9획**

음을 나타내는 系(계)는 '매다', '잇다'를 뜻하며, '사람'을 뜻하는 人(인)과 합하여 '사람을 매달다', '속박하다' 나아가 '연계하다', '계속하다'의 뜻을 나타낸다.

계속(係屬) 끊이지 않고 이어 나감.
관계(關係) 둘 이상이 서로 관련이 있음.

✚ 한자능력검정시험 **3급** ✚ 矢부의 0획 총 **5획**

화살의 모양을 본뜬 글자로 '화살'을 뜻하며, 부수 한자로 쓰일 때에는 화살에 관한 문자를 이룬다.

효시(嚆矢) 어떤 사물이나 현상이 시작되어 나온 맨 처음을 비유적으로 이르는 말.
시인(矢人) 화살을 만드는 사람.

 우거질, 답답할 울

 슬플 비

✚ 한자능력검정시험 **2급** ✚ 鬯부의 19획 총 **29획**

술병의 모양을 본뜬 缶(부)와 향초를 넣은 술 단지를 본뜬 鬯(창) 등이 더해져, 자욱한 향기의 뜻에서 '찌다', '막히다', 답답하다'의 뜻을 나타낸다.

울분(鬱憤) 쌓여 풀리지 않는 분노.
울창(鬱蒼) 나무가 빽빽이 들어서 무성하고 푸릇푸릇한 모양.

✚ 한자능력검정시험 **4급** ✚ 心부의 8획 총 **12획**

非(비)는 날아가는 새의 좌우 날개가 방향이 서로 반대인 모습에서 '서로 배척되다'를 뜻하며, 마음 心(심)을 합하여 '배척되어 느끼는 마음', 즉 '슬퍼하다'를 뜻한다.

비극(悲劇) 세상에서 일어난 비참한 일. 또는 그런 내용을 다룬 연극.
비애(悲哀) 슬픔과 설움.

다시 알아보는 마법의 한자

뜻	소리	급수	첫 등장		뜻	소리	급수	첫 등장
解 풀	해	4급	9권	包	쌀	포	4급	15권
碎 부술	쇄	1급	18권	還	돌아갈	환	3급	15권
再 다시	재	5급	17권	迅	빠를	신	1급	25권
現 나타날	현	6급	9권	歸	돌아갈	귀	4급	20권
複 겹칠	복	4급	21권	電	번개	전	7급	2권
出 날	출	7급	3권	氣	기운	기	7급	5권
門 문	문	8급	1권	話	말할	화	7급	14권
遙 멀	요	3급	24권	放	놓을	방	6급	10권

달라진 부분을 찾아라!

사흘이 지나도록 삼장이 깨어나지 않자 마음이 답답한 오공. 급기야 고래고래 소리 지르며 삼장을 깨우려고 해요. 삼장은 이런 답답한 오공의 마음을 알까요? 그림에서 서로 다른 부분 다섯 군데를 찾아보세요. 단, 말풍선 부분은 제외랍니다!

아티스는 마법천자문에 갇혀 있는 동료들과 어머니의 혼을 구해 내기 위해, 결국 큰 망치를 불러내서 마법천자문을 부숴 버리려고 해요. 과연 아티스는 마법천자문 속에 있는 동료들의 혼을 꺼낼 수 있을까요? 서로 다른 부분 여섯 군데를 찾아보세요! 단, 말풍선 대사 부분은 빼고요!

※ 정답은 마법천자문 홈페이지 magichanja.book21.com에서 확인하세요.

내가 만드는 마법천자문

오공이는 태극철권이 윙윙거리며 울자 거대한 태양이 나타나는 꿈을 꾸었어요. 삼장의 목소리에 잠에서 깬 오공은 무슨 생각을 했을까요? 빈 말풍선에 대사를 직접 넣어 나만의 마법천자문을 완성해 보세요.

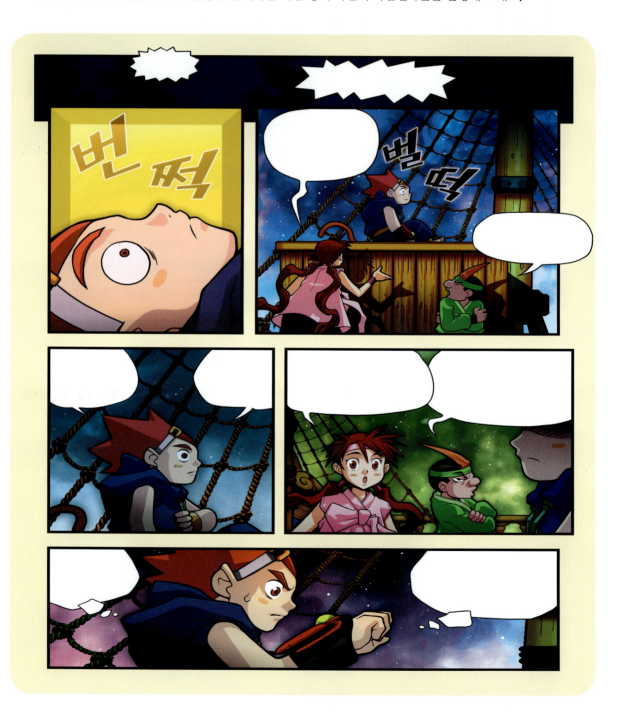

마법의 한자를 낚아라!

1. 免 자가 쓰인 낱말 한 개를 낚아 보세요.

Hint ✚ '벗어나게 해 주다'를 뜻하는 단어를 찾아보세요.

2. 悲 자가 쓰이지 않은 낱말 한 개를 낚아 보세요.

Hint ✚ 새의 종류 중 하나를 찾아보세요.

3. 召 자가 쓰인 낱말 두 개를 낚아 보세요.

Hint ✚ '부르다'를 뜻하는 단어들을 찾아보세요.

※ 정답은 마법천자문 홈페이지 magichanja.book21.com 에서 확인하세요.

마법의 한자 퀴즈를 풀자!

※ 정답은 마법천자문 홈페이지 magichanja.book21.com에서 확인하세요.

초급 수련원   우선은 **쉬운 문제**부터 해결해 보자!

1. 카이가 광명계의 세 대륙을 설명하기 위해 사용한 마법이에요. 누구를 가르칠 때 쓰는 이 한자마법은 무엇일까요?

❶ 交   ❷ 敎   ❸ 孝   ❹ 門

2. 미스터맵이 갖고 있던 문서는 고대 언어로 쓰여 있어서 이 마법을 사용해 내용을 읽었어요. '읽다'라는 뜻의 이 한자마법은 무엇일까요?

❶ 讀   ❷ 書   ❸ 言   ❹ 毒

3. 아티스가 마법천자문에서 동료의 혼을 꺼내기 위해 사용한 마법이에요. '뽑다'의 뜻을 지닌 이 한자마법은 무엇일까요?

❶ 濯   ❷ 着   ❸ 擢   ❹ 發

Hint ✚ '손'을 뜻하는 부수가 들어간 한자를 찾아보세요.

중급 수련원   이번엔 **좀 더 어려운 문제**로 수련해 보자!

4. 나르디와 큐티는 옥황상제님께 빨리 광명계의 상황을 보고해야 하는데 수정 구슬이 고장났네요. 수정 구슬을 고치기 위해 사용한 이 한자마법은 무엇일까요?

❶ 故障   ❷ 修理   ❸ 順換   ❹ 回答

5. 아티스와 손오공 일행이 드디어 차가운 대륙으로 모험을 떠나요. 이때 미스터맵이 배가 움직일 수 있도록 사용한 한자마법은 무엇일까요?

❶ 出發   ❷ 運動   ❸ 回航   ❹ 出港

6 검은마왕이 차가운 대륙에 가기 전에 암흑상제가 암흑계로 부를 때 사용하는 마법이에요. '불러 돌아오게 하다'라는 뜻을 가진 이 한자마법은 무엇일까요?

❶ 招待　　❷ 召還　　❸ 順換　　❹ 回答

Hint ➕ '입'을 뜻하는 부수가 들어간 한자를 찾아보세요.

7 아티스는 추위를 많이 타는 옥동자를 위해서 이 마법으로 따뜻한 옷을 만들었어요. '추위를 막는다'는 뜻을 가진 이 한자마법은 무엇일까요?

❶ 防音　　❷ 應急　　❸ 危險　　❹ 防寒

고급 수련원

이번 관문을 통과하면 **한자마법 고수**로 인정하노라!

배를 타고 차가운 대륙으로 가는 오공 일행 앞에 엄청나게 거대한 뱀장어가 나타나서 공격하고 있어요. 오공과 혼세가 뱀장어의 공격을 피해 차가운 대륙에 도착할 수 있도록 (　　)에 들어갈 한자마법을 보기에서 골라 보세요.

 마침 배고픈데 잘 됐다! 내일 아침은 뱀장어 구이로 결정! 찌릿찌릿! (　　)

 오공아, 저 뱀장어는 전기뱀장어라서 전기 공격은 소용없어!

 오공, 그렇다면 내가 도와주지. 전기여, 밖으로 나와라! (　　)

 고마워, 혼세~ 뱀장어, 이제 너도 짜릿한 전기의 맛을 느껴보라고! 전기에 감응해라! (　　)

 크릉, 크르릉 크크릉! (으윽, 저런 원숭이 녀석에게 지다니!)

보기　　放電　　感電　　電氣　　電話

업데이트로 더욱 새로워진!
스마트폰 속의 마법천자문!

마법천자문 한자영웅전

책 내용을 다시 볼 수 있는 스토리 모드!
다양한 캐릭터 카드를 모으고 성장시키는 던전 모드!
친구들의 캐릭터 카드와 치열한 대결을 펼치는 대전 모드!

스마트폰에서 www.jammygames.com으로 접속하세요!

마법천자문 29권 구매 고객 특별 선물 쿠폰!
스마트폰 게임 「마법천자문 한자영웅전」에서
하단의 코드를 입력해 주세요.

쿠폰코드: magicbook29th

▲ 게임 앱
다운 받으러 가기!

http://www.jammygames.com

손오공의 한자 대탐험

마법천자문

29 힘을 더해라! 도울 조

글 올댓스토리 | 윤색 김성재 | 그림 홍거북
감수 김창환

1판 1쇄 인쇄 | 2014년 7월 4일
1판 1쇄 발행 | 2014년 7월 18일

펴낸이 | 김영곤
이사 | 이유남
본부장 | 은지영　**기획개발** | 이정은 장영옥
마케팅 | 이희영 탁수진 문숙영 임동렬
영업본부장 | 안형태　**아동영업** | 장명우 유선화
북디자인 | 손성희 곽유리

펴낸곳 | (주)북이십일 아울북
등록번호 | 제10-1965호
등록일자 | 2000년 5월 6일
주소 | 경기도 파주시 회동길 201(문발동) (413-120)
전화 | 031-955-2119(기획개발), 031-955-2100(마케팅·영업·독자문의)
브랜드 사업 문의 | 031-955-2444　westboat@book21.co.kr
팩시밀리 | 031-955-2421
홈페이지 | magichanja.book21.com

ISBN 978-89-509-5623-3
ISBN 978-89-509-3620-4(세트)

Copyright©2014 by Book21 아울북. All rights Reserved.
First edition printed 2014. Printed in Korea.
이 책을 무단 복사·복제·전재하는 것은 저작권법에 저촉됩니다.

＊잘못 만들어진 책은 **구입하신 서점**에서 교환해 드립니다.
＊가격은 책 뒤표지에 있습니다.

우 편 엽 서

우편요금
수취인부담

발송유효기간
14. 7. 16 ~ 14. 9. 16

파주 우체국
제 40076호

보내는 사람

전화번호

주소

☐☐☐-☐☐☐

받는 사람

경기도 파주시 회동길 201

(주) 북이십일 마법천자문마케팅팀

4 1 3 - 1 2 0

많은 참여
부탁드려요~

애독자 이벤트

〈마법천자문〉에 대한 사랑과 신뢰에 무한 감사를 드립니다.

아울북은 독자 여러분에게 좀 더 다가가고자
〈마법천자문 애독자 이벤트〉를 진행합니다.
이벤트 내용을 작성하신 후 가까운 우체통에 넣어 주세요.
만약 가까운 우체통이 없다면, 작성하신 내용을 사진 찍어
이메일(smerpoo@book21.co.kr)로 보내 주세요.
추첨을 통해 독자 50분께 소정의 선물을 보내 드립니다.

* 이벤트 기간 : 2014. 7. 18 - 2014. 9. 16
* 당첨자 발표 : 2014. 10. 6

당첨자 명단은 홈페이지 magichanja.book21.com 에서 확인하세요.
본 이벤트 당첨 시 개별 연락 드리오니 연락처를 꼭 기재해 주세요.

독자 여러분께서 작성해 주시는 설문은 좀 더 나은 마법천자문이 되기 위한 소중한 자료로 사용됩니다.

검은색 굵은 선을 따라 오려서 편지 봉투를 만들어 보세요.

빗금 친 부분에 풀을 칠하세요.

🟣 **아래 설문에 응해 주세요.**

성명:　　　　　성별: 남 / 여　　　나이:(　　)살　　　연락처:

1. 처음 〈마법천자문〉을 읽게 된 계기는 무엇인가요?
① 부모님이 사다 주셔서　　　② 친구의 권유로
③ 서점에서 우연히　　　　　④ 인터넷 등 광고나 기사를 통해
⑤ 기타 (　　　　　　　　　　　　)

2. 〈마법천자문〉을 처음 읽은 나이는 몇 살인가요? (　　　　)살

3. 〈마법천자문〉 전권을 다 구매했나요?
① 예　　　② 아니오　*아닌 경우, 몇 권을 가지고 있나요? (　　　　)권

4. 〈마법천자문〉 캐릭터 상품 중 가장 갖고 싶은 것은 무엇인가요?
① 피규어　② 옷　③ 모자　④ 기타(　　　　　)

5. 〈마법천자문〉에 대해 궁금한 점이나 하고 싶은 이야기를 자유롭게 적어 주세요.

🟣 **말풍선에 자유롭게 대사를 적고 캐릭터를 색칠해 보세요.**

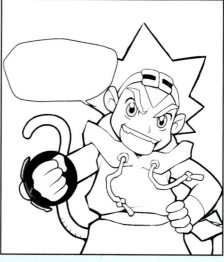